아주 특별한
선물

국립중앙도서관 출판시도서목록(CIP)

아주 특별한 선물 /
지은이: 임창연. — 창원 : 창연, 2013
　p. ;　cm

ISBN 979-11-950775-1-9 03810 : ₩10,000

한국 현대시[韓國 現代詩]

811.7-KDC5
895.715-DDC21 CIP2013022102

아주 특별한 선물

초판1쇄발행 2013년 11월 30일
초판2쇄발행 2013년 12월 12일

지은이 ｜ 임창연
펴낸이 ｜ 이소정
펴낸곳 ｜ 창연출판사
주소 ｜ 경남 창원시 소답동 408-6
출판등록 ｜ 2013년 7월 9일 제 567-2013-000016 호
전화 ｜ (055) 246-2030
팩스 ｜ (055) 246-2030
E-mail ｜ 7calltaxi@hanmail.net

값 10,000원
ISBN 979-11-950775-1-9 03810

ⓒ 임창연, 2013

* 저자와 협의하여 인지를 생략합니다.
* 이 책의 판권은 저자와 창연에 있습니다.
　양측의 서면 동의 없이 무단 전재나 복제를 금합니다.
* 잘못된 책은 바꾸어 드립니다.

아주 특별한 선물

임창연 시·사진

자서

부족하지만 온전한
마음을 보낸다

그대에게는
내 모든 것을 주어도
아깝지가 않다

글자 한 자마다
나의 목소리가
당신을 노래한다

나는 당신의 사랑이다

2013년 11월
임 창 연

차례

■ 자서

꿈꾸는 느티나무

마음 안아주기 ■ 13
아름다운 사랑 ■ 14
그대를 사랑함은 ■ 16
아주 특별한 선물 ■ 18
꿈꾸는 느티나무 ■ 20
능소화2 ■ 23
5월의 장미 ■ 24
소화전 ■ 26
나무 ■ 29
빗방울 ■ 30
사랑은 ■ 32
놀 ■ 35
봄날 ■ 36

마음을 줍다

그대 보면 ■ 39
바람 불던 자리 ■ 40
가을에는 ■ 42
강가에서 ■ 45
나의 마지막 이름 ■ 46
하늘을 드립니다 ■ 50
사랑을 열다 ■ 52
마음을 줍다 ■ 55
오체투지 ■ 56
너를 사랑해 ■ 59
가을에 봄을 생각함 ■ 60
슬픔이 슬픔에게 ■ 64

사랑을 전송하다

가을 79번지 ■ 69
당신이란 성지聖地 ■ 71
지금 그리운 시간 ■ 72
사랑을 전송하다 ■ 75
가을 버스정류장 ■ 77
아버지 ■ 80
스캔들 ■ 82
마음을 놓다 ■ 85
보내는 마음 ■ 86
세상을 적시는 비 ■ 88
가을 ■ 90
벚꽃 ■ 92

소년의 꿈

그리운 집 ■ 95
아침 풍경 ■ 96
그대는 어둠을 무엇이라 부르는가 ■ 98
장미꽃을 사는 까닭 ■ 102
목련꽃 ■ 106
돌아온 짜장면 ■ 109
구름의 한 때 ■ 112
소년의 꿈 ■ 114
지독한 내통 ■ 116
◨ 시집을 마치며 · 임창연 ■ 117

꿈꾸는 느티나무

마음 안아주기

당신이 나를 아프게 해도
저는 사랑했던 것만 생각하겠습니다

당신이 나를 오해하고 돌아설지라도
저는 당신이 아파할 때 위로를 하겠습니다

그 이유는 나에게 감사를
준 사람이기 때문입니다

한 번의 감사가 아흔 아홉의
아픔도 견딜 수 있기 때문입니다

아름다운 사랑

가을이 간 자리에
아침에 서리가 내렸습니다
떠나면 아무것도 없을 것 같지만

그리움이 대신 자리를 하듯이
외로움이 시간을 채우듯이

옷을 하나쯤 더 입어봅니다
마음도 이렇게 옷처럼
따뜻하게 가릴 수가 있다면
사랑은 늘 따뜻하게 데워져 있을 겁니다

사랑은 소유가 아닙니다
적당한 거리를 두고
지켜보아주는 여유입니다
그것을 아름다운 거리라 부릅니다

너무 가까이 소유하려면
잃는 것이 더 많습니다
변함없이 지켜보는 것이
가장 아름다운 사랑입니다

그대를 사랑함은

그대를 사랑함은
꽃이 햇살을 기다리듯이
그대를 기다림이라

바람불어 흔들려도
그 자리를 지킴은
그대가 나를 잊지 않음이라

그대를 사랑함은
내 사랑이 이 땅에서 끝나지 않고
영원히 있음을 아는 것이라

그대가 먼저 눈을 감아도
내가 먼저 이 세상을 떠나도
그대와 나의 영혼은 영원히 사랑함이라

그대를 사랑함은
죽음조차 우리를 갈라놓을 수 없음이라

그대를 사랑함은
이 세상이 없어져도 그대를 향한 마음은
언제나 영원함을 기억함이라

아주 특별한 선물

당신은 이 세상의 선물입니다

당신을 위하여 세상은 존재하고
당신 때문에 의미가 있습니다

당신이 있어서 어머니 아버지가 기뻐했고
당신이 있기에 가족이 있습니다

세상의 어떤 보석도
당신보다 빛날 수 없고
세상의 어떤 꽃도
당신보다 아름다울 수 없습니다

당신은 나의 최고의 선물

당신이 있기에 사랑도 태어났습니다
내가 당신을 사랑하기 때문입니다

당신은 영원한 저의 선물입니다

꿈꾸는 느티나무

마을 입구에 작은 나무가 있었습니다

꽃이 아니어서 벌 나비도 거들떠보지 않았습니다
하지만 그 나무는 큰 꿈이 있었습니다
걷지는 못했지만 어서 자라 멀리 보고 싶었습니다
커다랗게 자라 사람들을 쉬게 하고 싶었습니다

바람이 불 때마다 걱정대신
땅속에서 뿌리를 더 뻗었습니다
겨울이 올 때마다 자신의 옷을 벗어
땅을 덮어주었습니다
자신의 것을 다 버렸지만
꿈만은 품고 살았습니다

시간도 나무를 잊지 않았습니다
나무는 하늘 가까이 다가가고 있었고
그늘이 커다랗게 자라자 새들과 벌레들이 왔습니다
온 마을 사람들이 기대고 사는 놀이터가 되었습니다

꿈을 잃지 않고 사는 당신은
걸어다니는 커다란 생각의 나무입니다

능소화 2

그대 기대었던 그 자리에
꽃이 다시 피었습니다

그대 등에 묻었던 황토를
툭툭 털었던 자리

능소화꽃이 통채로
툭툭 떨어집니다

그대 보내던 그날
내 마음처럼 툭툭 떨어집니다

5월의 장미

비가 온다

5월의 그날에
붉은 피를 땅이 마셨고

장미는
더 유난히
붉었으리라

비가 온다

소화전

한가하게 풀들이랑 속삭인다고
본분을 잊고 있는 건 아니다

언제든 불이 치솟는다면
찬물을 끼얹을 준비는 되어있다

차가운 사람도 사랑에 불붙으면
불끄기 힘들고

아무리 뜨거운 사람도
사랑이 식으면 소화전이 된다

나무

나무는
가장 낮은 곳에서 자라
하늘 향해 커가다
때가 되면
자신을 물기조차 없이 말려
자신의 일부를
가장 낮은 곳으로 던져
썩혀 대지의 거름이 된다

사람도 수많은 생각들을
낙엽처럼 버리면
다시 생각이
푸르게 돋아나는 법이다

자신을 버릴 줄 아는 자가
새로운 자신을 얻을 수가 있고
자신을 죽일 줄 아는 자가
바로 자신을 살리는 법도 안다

빗방울

잠시 칡넝쿨 잎새에 쉬던
빗물 한 방울이
출발선에 섰다

하늘에서 떨어지는 바람에
잠시 정신을 잃었지만
잎새가 안아준 덕에
몸을 추스렸다

땅으로 내려서
흙을 포근히 덮어주면
온 세상의 식물과
동물과 사람까지
생명을 축이는 생수로 환생하리라

사랑은

사랑은 네잎 클로버처럼
행운이 아닙니다

사랑은 값없이 다가오지만
희생과 인내로 열매 맺어지는
참으로 값진 것입니다

사랑은 돌연변이처럼
우연히 찾아온 행운이 아닌
그대에게 꼭 필요한
삶의 양식입니다

놀

노을은 낮을 멈추게 하는 신호등이다
밤의 세계로 넘어오지 못하게 하는 금줄이다

아무리 커다란 손으로 산 너머 넣어봐도
다시는 잡혀지지 않는 시간의 꼬리

신호등 앞에 줄지어 선 자동차들의 엉덩이는
더 붉게 반짝인다

미처 흐르지 못하는 구름들은 불온한 이념을 뒤집어 쓴 채
억울한 듯 머뭇대다 어둠 속으로 끌려가기 시작한다

아차!
어둠에 먹히기 전에
빨리 빨래를 거두어들이자

하루 종일 목말랐던 옷들이
가슴으로 하나 둘 알몸으로 안겨 온다

봄날

오늘 아침

뒤 베란다 풍경은
참 맑고 따스하다

초록이 더 생생하다

낮 기온 20도

무학산이 더 단단해 보인다

하늘은
가을처럼 깊고 푸르다

좋은 날
좋은 하루

그대도
느끼길

마음을 줍다

그대 보면

그대 만나면 사무쳐 차마 말못하고
가만히 두 손만 잡았지
그대 만나면 할 말이 너무 많아서
아무 말 하지 못했지

그대 바라보면 너무나 소중해서
그대 얼굴에 두 손을 대어 보았지
그대 나를 보면 많은 말들이
쏟아져 나올 것 같아 입 맞추고 말았지

그대 우리 앞에 놓여진 시간들
모래시계처럼 아래로 다 가라앉고
그러나 모래시계처럼 뒤집지 못하는
그날이 오기에 마음만 아프지

그대 이제 우리 그냥 웃음 띤
얼굴로 그저 가만히 손잡아요
아무 말 안 해도 그 마음 다 알텐데
세월이 흐르면 아픈 마음도 흘러 갈테니

바람불던 자리

뒤뜰 좁은 마루에 앉아
대숲을 바라봅니다
바람이 불자
당신이 대숲을 향해
속삭였던 이야기가
내 귀를 간지럽힙니다

당신이 앉았었던 마루엔
뽀얀 먼지가
시간의 겹으로 쌓여 있습니다

새들이 보이지 않습니다
당신이 떠난 걸 알았나 봅니다

머리 기댔던 어깨엔
지붕의 그림자가 기대어 있고
바람도 그리움에 젖어
발 밑에 쓰러집니다

사스삭 거리는 바람이
대잎에 입 맞추면
내 입술도 뜨거워집니다

바람소리
그대 목소리 실어와
내 가슴이 흔들립니다

언제고 그대
이곳에 오게되면
내 아픈 가슴 외친 소리
대잎이 들려줄 것입니다

가을에는

잔잔한 하늘이었음 해요
하얀 구름들 떠가도
붙잡지 않는 하늘처럼
고추잠자리들 편하게 날리고 싶어요

날마다 노을에 타고 타서
달구어진 단풍나뭇잎이었음해요
말없이 나뭇잎들 버리려면
울지 않는 나무였음 해요

혹 욕심나는 일 있으면
저문 강가에 나가 그 마음 몰래 풀어
붉게 섞어서 어둠에 묻어 보낼래요

그리움 맺히고 맺혀
못 생긴 모과라도 가슴속에 달리면
저녁마다 붉게 울 때 모과라도 내밀어
울음 그치게 하렵니다

강가에서

말은 아껴둔다고 간직되진 않았다
바라만 본다고 그대가 머문 건 아니었다

휘파람 소리처럼 재생되지 않는 시간
자리를 바꾸며 흘러갔다

강가의 모래처럼 그대 곁에서
세월의 강에 잠기고 싶었다

마른 모래를 뒤집어도 강물이 솟았다
메마른 가슴에도 그대가 솟아올랐다

산이 강물에 잠겨 풀리고 있었다
그대는 시간에 잠겨 풀리고 있었다

나의 마지막 이름

내가 이 세상을 떠나야 하는 날이 온다면
당신보다 꼭 하루만 더 있고 싶어
그대 눈물 보지 않고
그대 몸을 씻겨줄 수 있을 테니

내가 모든 기억을 잃어버리는 날이 온다면
당신 모습이라도 남기고 싶어
그 생각으로도 남은 날들이
행복할 수 있을 테니

내가 소유한 모든 걸 잃는 날이 와도
당신만 곁에 있다면
아무것도 두렵지 않아
난 아무것도 잃을 게 없을 테니

내 마음이 흐르는 시간처럼
옮겨가야 하는 날이 온다면
처음이자 마지막으로
당신을 향해서 가고 싶어

내 마지막은
오직 한 사람
그대 이름을 부르는 것이야

하늘을 드립니다

하늘을 올려다 보다
혼자 보기가 아까워 휴대폰에
하늘을 담았다

보내드릴 그대를 생각만해도
가슴이 두근거린다

하늘을 떼내어 그대에게 드린다

그대도 하늘처럼
늘 맑은 마음을 담고 살아라

사랑을 열다

사랑을 채우는 건
단단한 자물쇠가 아니다

사랑을 여는게
열쇠가 아니듯이

사랑을 열고 닫는 건
당신의 마음이다

마음을 줍다

누군가 버리고 간 상처를 본다
버려야 했던 마음이 아프다

누군가 버리고 간 배신을 본다
상처난 마음이 아프다

홀로 버려진 사랑을 만났다
살며시 안아본다
아직 따뜻하다
멈췄던 심장이 박동을 시작한다

오체투지

발없는 말이 천리를 가고
발없는 말이 빨리 달리고

너는 발도 없고
말도 타지 않고
눈도 보이지 않지만

벽도 두려움없이
조금씩 멈추지 않고
끊임없이 정복 중이다

너를 사랑해

사랑은 기다리는 것이 아닌
먼저 주는 것입니다

따스한 햇살이 우리에게
비추이듯이 그냥 주는 것입니다

비가 무언가 바람이 없이
공평하게 내리듯
젖게 하는 것입니다

그리곤 두려움 없이 말하는 것입니다
너를 사랑해 라고

가을에 봄을 생각함

'인생은 속도가 아니라 방향이다'

이 말은 새롭게 출발하는
사람에게 참 좋은 말입니다

여기에 덧붙이는 좋은 말

'인생은 길이가 아니라 밀도이다'

얼마나 살았느냐 보다는
어떻게 살았고
어떻게 살아 가느냐가 중요합니다

이제 시작하셔도 늦지 않다는 말입니다

가을의 초입에
문득 봄을 떠올리며
그대를 생각합니다

슬픔이 슬픔에게

가을이 깊어가듯이 당신은 사랑보다
먼저 먼 길을 가는 시간이 옵니다

그래도 슬픔없이 보내드리는 건
당신이 먼저 가서 기다리는 그곳에
저도 길 잃지 않고 가는 것을 알기에
눈물을 감출 수 있답니다

사랑을 전송하다

가을 79번지

지방도로 79번이 지나는 연동마을 근처
빠르게 휘어진 길 모퉁이에
단풍나무 한 그루 서 있습니다

아!

그 여자의
여물지 못해
흘려 놓은
눈물자국들이 바람에 마르고 있었습니다

당신이라는 성지 聖地

오늘은 나의 서고에서
당신을 찾아 읽겠습니다

이 성지는 아무도 모르고
지나쳤던 미지의 땅입니다

아무도 읽지 못한
난해한 서책입니다

읽고 또 읽어 나의 역사속에
단단하게 새겨두겠습니다

그대라는 첫 페이지를 엽니다
그 땅에 들어섭니다

지금 그리운 시간

언젠가는 그리웠던 이날들이
흘러 흘러 몸만 덩그러니
홀로 남을 날이 있을 게다

그리움조차 힘없이 몸에서
빠져나가 기억조차
빛바랜 그림처럼 보일 때

아 사랑도
그렇게 초라하게 남아
마음만 아픈 날 있겠다

흐르고 있는 이 시간들이
누구에게도 부끄럽지 않다면
무어 두려울 게 있을까

사랑도 남김없이
깨끗이 태울 수 있다면
무어 낯 붉힐 일 있을까

훗날 기억이 없을지라도
지금 진실할 수 있다면

사랑을 전송하다

사랑이 이제 무르익었다고
전깃줄이 바람을 잡고
웅웅거린다

전봇대는 귓속말로
옆 전봇대에게 소문을
옮기는 중이다

가을 들판에는
사랑이 익어가고 있다

가을 버스정류장

그대의 슬픔보다 옅은 밤이 내렸다

떨어진 낙엽은 바람에 밀리지 않으려
보도블록을 붙들고 있다

발자국 흔적 위로 또 다른 발걸음이
바쁘게 스쳐간다
시간도 그 뒤를 바삐 흘러서 사라진다

그대가 떠난 거리의 기다림은
어둠에 젖어서 보이지 않는다

버스정류장에서 기다리던
버스는 연착이 되고
그대에게 보낸 편지도
수신거부라는 소문이다

아버지

아버지는 실외기였다

우리들의 시원함을 위해
홀로 한여름 더위 아래서
햇빛을 쬐이며
천천히 녹슬어 가셨다

뜨거운 심장의 피를 식혀가면서도
오로지 가족들의 밥을 탯줄처럼
끊임없이 배달해 주셨다

나도 어느덧
아버지가 되어 있었다
내리는 비처럼

스캔들

햇살이 열매속에서
발효중이다

연록빛으로 시작된 빛깔이
햇살과 정을 통한 뒤
태양의 아들을 낳을거란 소문이다

태양의 열매를 먹어야겠다
그 눈부신 스캔들을
맛보아야겠다

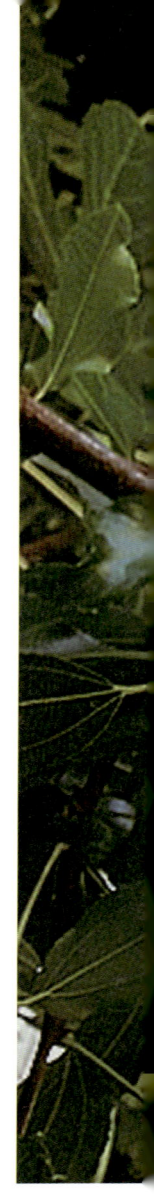

마음을 놓다

그대 앞에 꽃이되어
마음을 놓는다

그대는 세상에서 가장 아름다운 사람
나는 가장 아름다운 여인이 된다

그대의 마음이 나를 본다
나는 이미 그대가 피운 영혼의 꽃

그대 영혼의 꽃밭에
마음을 놓는다

보내는 마음

대우백화점 근처 건물 곁으로
붉은 하트 모양의 수소풍선이
누구의 손을 떠났는지
천천히 바람을 따라
하늘로 올라가고 있다

한 때 나도 저렇게
눈앞에서 사라지는
사람을 그저 보고만
있어야 했던 날이 있었다

풍선에 가득찬 수소처럼
사랑도 가득해서 행복했던
기쁨의 시간들

보낼 때는 행복이
가득했던 만큼 더 멀리 올라가
터져버리는 고통의 시간이
기다리고 있었다

세상을 적시는 비

1.
생각이 사무쳐 택시를 세웠다
때마침 빗물이 천정을 두두둑 쳐대며
가슴을 울린다
그리운 것들이 일어나 자리를 털고
앞유리 빗물에 섞여져 흘러서 내린다
세상에 사는 게 그토록 그립다

2.
새벽 차창을 적시던 비가
8차선 도로마저 다 적시는 시간
살아가는 일이 작은 한 가슴에서
세상 바라보는 눈 밖의 세상을
다 적시는 일이다

가을

가을햇살이 나를 만진다

화왕산의 억새를 스치고 온 바람이 들어있다
가을바람도 나를 만지니
마음이 휘청거린다

두 발로 힘껏 저어야 바로 나가는 자전거처럼
내 마음도 힘껏 밟지 않으면 넘어진다
마음을 바쁘게 저어본다

가을이 나를 만진다

갑자기 당신의 마음이 보고싶다

벚꽃

벚나무가 화려한 꽃을 피웠다
벚꽃을 보려면 고개를 들어야 한다
바람불면 떨어지는 꽃잎들이 더 아련한데

초등학교 시절 한복을 입고 애인에게 맞고
울던 이름모를 여자가 떠오른다
훌쩍이는 여자를 곁에서 달래주며
뜯어진 한복을 기워주던 아주머니도 생각난다
그 위로 하염없이 꽃잎이 쏟아져 내렸었다

바람이 불었고 시간은 흘렀고 나는 자랐고
올해도 벚나무는 사람을 내려다 보며
꽃잎을 던지고 있다

소년의 꿈

그리운 집

어느 집에선가
구수한 된장내음이 흘러넘쳐
골목 가득 채운다

저 냄새면 맨밥에 숟가락만 있어도
임금님 밥상 부럽지 않겠다

아버지 어머니 얼굴만 봐도
세상 걱정은 잊어버리고
동생이랑 밥상에서 떠들다 혼나도
행복한 시간이기만 하겠다

저 작은 골목 들어서기만 해도
어머니가 젖은 손 닦으며
웃는 얼굴로 나를 맞으러 나올 것만 같다

아침 풍경

출근길 발걸음에 깜짝 놀란
비둘기들이 힘껏 하늘로 날아 올랐어요

밤새 꽃잎 뒤에 매달려 날개를 접었던
나비들도 아침 햇살에 나래를 말려요
꽃들이 외롭지 않은 건 이렇게 나비들이
밤새 자기를 안아주기 때문인가 봐요

그대도 밤새 나를 떠올리며
나도 그대를 떠올리며
살아가는 것만으로도 날마다 힘이 되나봐요

바다 깊은 곳에 사는 못생긴 심해어들도
아침이면 햇살이 닿지 않아도
기지개를 켤 것만 같아요

도로 위의 차들도 덜깬 눈을 부비며
교차로에서 만나 어제 본 차들과
아침 인사를 나누는 중이에요

하늘을 보아요
세상 시름도 저기다 담그고
잠시 흔들면 다 씻길 것 같아요

하늘에 손 내밀어 봐요
손끝을 누군가 따스하게
잡아줄 것 같은 아침이에요

그대는 어둠을 무엇이라 부르는가

1.
노을이 지나고 어둠이 내리자
합성동 시외버스주차장 잡상인 리어카들은
자동차 밧데리에서 이어진
꼬마전구를 켜기도 하고
근처 상가의 전기를 끌어다
커다란 알전구를 켰다

예전에 카바이트로 켜던
간델라가 그립다
약간의 가스 냄새가
사람을 취하게 하는
간델라 불빛이 보고싶다

2.
그대가 자전거로 귀가를 한다
서녘을 등지고 길을 지나며
노을을 묻혔던 어깨 위로
다시 어둠이 잠시 내렸지만
알전구의 불빛이 지나치자
그대의 고단했던 하루가
어깨 위에 그대로 드러났다

등에 얹혀진 배낭을 내려 놓고
자전거를 마당 한켠에 세워 놓고
늦은 저녁을 준비해
따스한 밥과 국을 만들어 올려진
저녁상을 앞에 놓으면
그대는 어둠을 무엇이라 부르는가

장미꽃을 사는 까닭

길가에서 장미를 파는 사람을 보면
당신에게 드리고 싶어
붉은 장미를 한다발 산다
내가 주고 싶은 건
짙은 장미의 향기가 아니다
적어도 일주일은 붉은 온 몸을 뒤척이며
그대의 눈을 사로 잡으리란 바람 때문이다

내가 붉은 장미를 주는 까닭은
주체할 수 없는 마음을
욕심스럽게 일주일이나
그대 가슴에서 빼앗고 싶은 이유이다
장미가 생명을 다하며
목이 마르듯
우리도 언젠가는 화려한
장미빛 인생이 끝나고
세상을 이별하는 것을 알리라

장미가 숨 쉬는 동안
붉은 몸을 뒤척이듯
그대와 내가 피가 돌때 붉은 사랑을 잊지 말고

장미처럼 뜨겁게 살고 지고
함께 노래하고 싶은 까닭이다

목련꽃

묵묵부답했던 그날들의 기억이
자줏빛 목련지듯 눈물이 흘렀을까
그 처참한 꽃잎들의 스러짐이
서러움과 겹쳤을까

눈물 대신 날마다 흥건한 아랫도리를 괴고
젖은 잠을 자고 싶었다

목어처럼 온몸 가득 목이 말라 몸부림쳤지만
물이 뿌려지는 순간 몸에는 균열이 가해졌다
그렇지만 내게 침이라도 뱉길 바랬다

차라리 풍경에 달린 고기처럼
바람에 흔들리며 부릅뜬 눈으로
한 순간도 놓치기 싫어 눈을 뜨고 살아야 했다

바람이 꽃을 급하게 뚝뚝 따내며
따가운 햇살에 밀리고 있었다
기억도 나를 죽이며 발걸음마다 따라오고 있었다

돌아온 짜장면

회사식당 점심으로 짜장면이 나왔다

어릴 때 아버지와 손잡고
영화관에서 왕유가 나오던
돌아온 외팔이를 보고
중국집에서 처음으로 짜장면을 먹었다
태어나서 처음 먹어본 그 맛
제일 좋아하는 음식 중에 한가지다

태어나서 처음 본 게 어미인 줄 알고
따라다니는 오리처럼
짜장면 사랑도 끝나지 않았다

면발마다 달려 올라오는
아버지의 추억들
끼니마다 드시던 막걸리가
흥얼거리던 노랫소리가 면발 가락에 울린다

한 쪽 팔로 복수하기 위해 돌아온 외팔이처럼
오늘은 짜장면이 돌아왔다
추억이라는 검법으로 나에게 돌진해 왔다

111

구름의 한 때

구름의 한 떼가 하늘을 시커멓게 덮고있다

때로는 함께한 번개의 빛과 천둥의 소리가
활화산이 터지는 착각이 되었고
수많은 촛불의 외침으로 들리기도 했다

바람이 밀면 힘없이 밀리는 구름들
한 때는 포근한 이불이었고
한 때는 밟아도 빠질 것 같지 않은 꿈이었다

한 무리의 양떼가 바람 양치기를 따라서
풀을 뜯으러 이동중이다
한 떼의 갈치가 상어를 피해
달아나는 중이다

살아가면서 구름같은 미래 때문에 두려웠고
한 때는 구름같은 꿈때문에 설레었다

나의 한 때는 바람같기도 했고
구름이 토해내는 피눈물 같기도 했다

지금은 구름의 한 때
바람도 밀어내지 못하는 커다란 꿈이다

소년의 꿈

1.
갈 곳이 많은 당신은
아무 데도 갈 곳이 없습니다
갈 곳이 없는 저는
당신에게로 갑니다

눈 앞에 보이지 않아도
마음의 길을 열고
문을 열어둔 채로
지금은 말을 잠시 접어 둡니다

2.
그 길을 기억하려
시로 지도를 만듭니다
길 문장으로 길을 냅니다

그 길이 꿈에서 깨어도
기억나도록
마음과 마음 사이에
그리움을 넣어 둡니다
생각과 생각 사이에
기다림을 끼워둡니다

완성된 꿈의 지도가
길을 다 읽어도
깨어나지 못할지도 모릅니다
그건 아무도 소년의 꿈속에
들어가지 못하니까요

그래도 소년은 행복할지도 모릅니다
언제나 눈을 감고 잠을 청하면
꿈으로 가는 길을 환하게
읽고 있으니까요

지독한 내통

풀의 허리가 잘렸다
숨겨졌던 수액의 길이 쏟아졌다

어떤 내통이었는지
무덤까지 액향에 젖고 있다

시집을 마치며

한 권의 시집을 엮으며
천 권의 시집을 엮었다는 생각이 든다

한 편의 시를 쓰는 일이 고통스럽다면
천 편의 시를 쓰는 일이란
얼마나 아픈 일일 것인가

하물며 천 권의 시집을 만들었다니
엄살이 아니라 혼신을 다했다는 말이다

읽는 동안 그 마음이 읽혀진다면
그 고통도 기쁨으로 변하겠다

능숙한 요리사는 매일 수백명의 요리를
내어도 맛이 변하지 않고 깊이가 더한다
이게 독자를 향한 나의 답이다

아주 특별한 선물을 담아 드린다
이 선물은 당신에게도 특별함이 될 것이다

2013년 11월
임창연